AF507730

Todos los libros de Linkgua Ediciones cuentan con modelos de Inteligencia Artificial entrenados por hispanistas. Pregúntale al chat de tu libro lo que desees acerca de la obra o su autor/a.

Para ebooks: Accede a nuestro modelo de IA a través de este enlace.

Para libros impresos: Escanea el código QR de la portada con tu dispositivo móvil.

Obtén análisis detallados de nuestros libros, resúmenes, respuestas a tus preguntas y accede a nuestras ediciones críticas generativas para una experiencia de lectura más enriquecedora.
La transparencia y el respeto hacia la autoría de las fuentes utilizadas son distintivos básicos de nuestro proyecto. Por ello, las respuestas ofrecen, mediante un sistema de citas, las fuentes con las que han sido elaboradas.

Autores varios

Constitución de Apatzingán

Barcelona 2024
Linkgua-ediciones.com

Créditos

Título original: Constitución de Apatzingán.

© 2024 Red ediciones S.L.

e-mail: info@linkgua.com

Diseño de cubierta: Michel Mallard.

ISBN rústica ilustrada: 978-84-9007-835-8.
ISBN ebook: 978-84-9953-849-5.

Cualquier forma de reproducción, distribución, comunicación pública o transformación de esta obra solo puede ser realizada con la autorización de sus titulares, salvo excepción prevista por la ley. Diríjase a CEDRO (Centro Español de Derechos Reprográficos, www.cedro.org) si necesita fotocopiar, escanear o hacer copias digitales de algún fragmento de esta obra.

Sumario

Constitución de Apatzingán de 1814

22 de octubre de 1814

DECRETO CONSTITUCIONAL PARA LA LIBERTAD DE LA AMÉRICA MEXICANA, SANCIONADO EN APATZINGÁN A 22 DE OCTUBRE DE 1814

El Supremo Congreso Mexicano deseoso de llenar las heroicas miras de la Nación, elevadas nada menos que al sublime objeto de sustraerse para siempre de la dominación extranjera, y substituir al despotismo de la monarquía de España un sistema de administración que reintegrando a la Nación misma en el goce de sus augustos imprescriptibles derechos, la conduzca a la gloria de la independencia, y afiance sólidamente la prosperidad de los ciudadanos, decreta la siguiente forma de gobierno, sancionando ante todas cosas los principios tan sencillos como luminosos en que pueden solamente cimentarse una Constitución justa y saludable.

I. Principios o elementos constitucionales

Capítulo I. De la religión

Artículo 1.º La religión católica apostólica romana es la única que se debe profesar en el Estado.

Capítulo II. De la soberanía

Artículo 2.º La facultad de dictar leyes y de establecer la forma de gobierno que más convenga a los intereses de la sociedad, constituye la soberanía.

Artículo 3.º Ésta es por su naturaleza imprescriptible, inajenable, e indivisible.

Artículo 4.º Como el gobierno no se instituye para honra o interés particular de ninguna familia, de ningún hombre ni clase de hombres; sino para la protección y seguridad general de todos los ciudadanos, unidos voluntariamente en sociedad, éstos tienen derecho incontestable a establecer el gobierno que más les convenga, alterarlo, modificarlo, y abolirlo totalmente, cuando su felicidad lo requiera.

Artículo 5.º Por consiguiente la soberanía reside originariamente en el pueblo, y su ejercicio en la representación nacional compuesta de diputados elegidos por los ciudadanos bajo la forma que prescriba la Constitución.

Artículo 6.º El derecho de sufragio para la elección de diputados pertenece, sin distinción de clases ni países a todos los ciudadanos en quienes concurran los requisitos que prevenga la ley.

Artículo 7.º La base de la representación nacional es la población compuesta de los naturales del país, y de los extranjeros que se reputen por ciudadanos.

Artículo 8.º Cuando las circunstancias de un pueblo oprimido no permiten que se haga constitucionalmente la elección de sus diputados, es legítima la representación supletoria que con tácita voluntad de los ciudadanos se establezca para la salvación y felicidad común.

Artículo 9.º Ninguna nación tiene derecho para impedir a otra el uso libre de su soberanía. El título de conquista no puede legitimar los actos de la fuerza: el pueblo que lo intente debe ser obligado por las armas a respetar el derecho convencional de las naciones.

Artículo 10.º Si el atentado contra la soberanía del pueblo se cometiese por algún individuo, corporación, o ciudad, se castigará por la autoridad pública, como delito de lesa nación.

Artículo 11. Tres son las atribuciones de la soberanía: la facultad de dictar leyes, la facultad de hacerlas ejecutar, y la facultad de aplicarlas a los casos particulares.

Artículo 12. Estos tres poderes Legislativo, Ejecutivo, y Judicial no deben ejercerse, ni por una sola persona, ni por una sola corporación.

Capítulo III. De los ciudadanos

Artículo 13. Se reputan ciudadanos de esta América todos los nacidos en ella.

Artículo 14. Los extranjeros radicados en este suelo que profesaren la religión católica, apostólica, romana, y no se opongan a la libertad de la Nación, se reputarán también ciudadanos de ella, en virtud de carta de naturaleza que se les otorgará, y gozarán de los beneficios de la ley.

Artículo 15. La calidad de ciudadano se pierde por crimen de herejía, apostasía y lesa nación.

Artículo 16. El ejercicio de los derechos anejos a esta misma calidad, se suspende en el caso de sospecha vehemente de infidencia, y en los demás determinados por la ley.

Artículo 17. Los transeúntes serán protegidos por la sociedad, pero sin tener parte en la institución de sus leyes. Sus personas y propiedades gozarán de la misma seguridad que los demás ciudadanos, con tal que reconozcan la soberanía e independencia de la Nación, y respeten la religión católica, apostólica, romana.

Capítulo IV. De la Ley

Artículo 18. La ley es la expresión de la voluntad general en orden a la felicidad común: esta expresión se enuncia por los actos emanados de la representación nacional.

Artículo 19. La ley debe ser igual para todos, pues su objeto no es otro, que arreglar el modo con que los ciudadanos deben conducirse en las ocasiones en que la razón exija que se guíen por esta regla común.

Artículo 20. La sumisión de un ciudadano a una ley que no aprueba, no es un comprometimiento de su razón, ni de su libertad; es un sacrificio de la inteligencia particular a la voluntad general.

Artículo 21. Solo las leyes pueden determinar los casos en que debe ser acusado, preso, o detenido algún ciudadano.

Artículo 22. Debe reprimir la ley todo rigor que no se contraiga precisamente a asegurar las personas de los acusados.

Artículo 23. La ley solo debe decretar penas muy necesarias, proporcionadas a los delitos y útiles a la sociedad.

Capítulo V. De la igualdad, seguridad, propiedad, y libertad de los ciudadanos

Artículo 24. La felicidad del pueblo y de cada uno de los ciudadanos consiste en el goce de la igualdad, seguridad, propiedad y libertad. La íntegra conservación de estos derechos es el objeto de la institución de los gobiernos, y el único fin de las asociaciones políticas.

Artículo 25. Ningún ciudadano podrá obtener más ventajas que las que haya merecido por servicios hechos al estado. Estos no son títulos comunicables, ni hereditarios; y así es contraria a la razón la idea de un hombre nacido legislador o magistrado.

Artículo 26. Los empleados públicos deben funcionar temporalmente, y el pueblo tiene derecho para hacer que vuelvan a la vida privada, proveyendo las vacantes por elecciones y nombramientos, conforme a la Constitución.

Artículo 27. La seguridad de los ciudadanos consiste en la garantía social: ésta no puede existir sin que fije la ley los límites de los poderes, y la responsabilidad de los funcionarios públicos.

Artículo 28. Son tiránicos y arbitrarios los actos ejercidos contra un ciudadano sin las formalidades de la ley.

Artículo 29. El magistrado que incurriere en este delito será depuesto, y castigado con la severidad que mande la ley.

Artículo 30. Todo ciudadano se reputa inocente, mientras no se declara culpado.

Artículo 31. Ninguno debe ser juzgado ni sentenciado, sino después de haber sido oído legalmente.

Artículo 32. La casa de cualquier ciudadano es un asilo inviolable: solo se podrá entrar en ella cuando un incendio, una inundación, o la reclamación de la misma casa haga necesario este acto. Para los objetos de procedimiento criminal deberán preceder los requisitos prevenidos por la ley.

Artículo 33. Las ejecuciones civiles y visitas domiciliarias solo deberán hacerse durante el día, y con respecto a la persona y objeto indicado en la acta que mande la visita y la ejecución.

Artículo 34. Todos los individuos de la sociedad tienen derecho a adquirir propiedades, y disponer de ellas a su arbitrio con tal que no contravengan a la ley.

Artículo 35. Ninguno debe ser privado de la menor porción de las que posea, sino cuando lo exija la pública necesidad; pero en este caso tiene derecho a una justa compensación.

Artículo 36. Las contribuciones públicas no son extorsiones de la sociedad; sino donaciones de los ciudadanos para seguridad y defensa.

Artículo 37. A ningún ciudadano debe coartarse la libertad de reclamar sus derechos ante los funcionarios de la autoridad pública.

Artículo 38. Ningún género de cultura, industria o comercio puede ser prohibido a los ciudadanos, excepto los que forman la subsistencia pública.

Artículo 39. La instrucción, como necesaria a todos los ciudadanos, debe ser favorecida por la sociedad con todo su poder.

Artículo 40. En consecuencia, la libertad de hablar, de discurrir, y de manifestar sus opiniones por medio de la imprenta, no debe prohibirse a ningún ciudadano, a menos que en sus producciones ataque al dogma, turbe la tranquilidad pública, u ofenda el honor de los ciudadanos.

Capítulo VI. De las obligaciones de los ciudadanos

Artículo 41. Las obligaciones de los ciudadanos para con la patria son: una entera sumisión a las leyes, un obedecimiento absoluto a las autoridades constituidas, una pronta disposición a contribuir a los gastos públicos; un sacrificio voluntario de los bienes, y de la vida, cuando sus necesidades lo exijan. El ejercicio de estas virtudes forma el verdadero patriotismo.

II. Forma de Gobierno

Capítulo I. De las provincias que comprende la América Mexicana

Artículo 42. Mientras se haga una demarcación exacta de esta América Mexicana, y de cada una de las provincias que la componen, se reputarán bajo de este nombre, y dentro de los mismos términos que hasta hoy se han reconocido las siguientes: México, Puebla, Tlaxcala, Veracruz, Yucatán, Oaxaca, Tecpan, Michoacán, Querétaro, Guadalajara, Guanajuato, Potosí, Zacatecas, Durango, Sonora, Coahuila, y nuevo reino de León.

Artículo 43. Estas provincias no podrán separarse unas de otras en su gobierno, ni menos enajenarse en todo o en parte.

Capítulo II. De las Supremas Autoridades

Artículo 44. Permanecerá el cuerpo representativo de la soberanía del pueblo con el nombre de Supremo Congreso Mexicano. Se creará además dos corporaciones, la una con el título de Supremo Gobierno, y la otra con el de Supremo Tribunal de justicia.

Artículo 45. Estas tres corporaciones han de residir en un mismo lugar, que determinará el Congreso, previo informe del supremo gobierno; y cuando las circunstancias no lo permitan, podrán separarse por el tiempo, y a la distancia que aprobare el mismo Congreso.

Artículo 46. No podrán funcionar a un tiempo en las enunciadas corporaciones dos o más parientes, que lo sean en primer grado, extendiéndose la prohibición a los secretarios, y aun a los fiscales del supremo tribunal de justicia.

Artículo 47. Cada corporación tendrá su palacio y guardia de honor iguales a las demás; pero la tropa de guarnición estará bajo las órdenes del Congreso.

Capítulo III. Del Supremo Congreso

Artículo 48. El Supremo Congreso se compondrá de diputados elegidos uno por cada provincia, e iguales todos en autoridad.

Artículo 49. Habrá un presidente, y un vicepresidente, que se elegirán por suerte cada tres meses, excluyéndose de los sorteos los diputados que hayan obtenido aquellos cargos.

Artículo 50. Se nombrarán del mismo cuerpo a pluralidad absoluta de votos dos secretarios, que han de mudarse cada seis meses; y no podrán ser reelegidos hasta que haya pasado un semestre.

Artículo 51. El Congreso tendrá tratamiento de Majestad, y sus individuos de Excelencia durante el tiempo de su diputación.

Artículo 52. Para ser diputado se requiere ser ciudadano con ejercicio de sus derechos, la edad de treinta años, buena reputación, patriotismo acreditado con servicios positivos, y tener luces no vulgares para desempeñar las augustas funciones de este empleo.

Artículo 53. Ningún individuo que haya sido del Supremo Gobierno, o del Supremo Tribunal de Justicia, inclusos los secretarios de una y otra corporación, y los fiscales de la segunda, podrá ser diputado hasta que pasen dos años después de haber expirado el término de sus funciones.

Artículo 54. Los empleados públicos que ejerzan jurisdicción en toda una provincia, no podrán ser elegidos por ella diputados en propiedad: tampoco los interinos podrán serlo por la provincia que representen, ni por cualquiera otra, si no es pasando dos años después de que haya cesado su representación.

Artículo 55. Se prohíbe también que sean diputados simultáneamente dos o más parientes en segundo grado.

Artículo 56. Los diputados no funcionarán por más tiempo que el de dos años. Éstos se contarán al diputado propietario desde el día que termine el bienio de la anterior diputación: o siendo el primer propietario en propiedad desde el día que señale el Supremo Congreso para su incorporación, y al interino desde la fecha de su nombramiento. El diputado suplente no pasará del tiempo que corresponda al propietario por quien sustituye.

Artículo 57. Tampoco serán reelegidos los diputados, si no es que medie el tiempo de una diputación.

Artículo 58. Ningún ciudadano podrá excusarse del encargo de diputado. Mientras lo fuere, no podrá emplearse en el mando de armas.

Artículo 59. Los diputados serán inviolables por sus opiniones, y en ningún tiempo ni caso podrá hacérseles cargo de ellas; pero se sujetarán al juicio de residencia por la parte que les toca en la administración pública, y además podrán ser acusados durante el tiempo de su diputación, y en la forma que previene este reglamento por los delitos de herejía y apostasía, y por los de Estado, señaladamente por los de infidencia, concusión y dilapidación de los caudales públicos.

Capítulo IV. De la elección de diputados para el Supremo Congreso

Artículo 60. El Supremo Congreso nombrará por escrutinio, y a pluralidad absoluta de votos, diputados interinos por las provincias que se hallen dominadas en toda su extensión por el enemigo.

Artículo 61. Con tal que en una provincia estén desocupados tres partidos, que comprendan nueve parroquias, procederán los pueblos del distrito libre a elegir sus diputados así propietarios, como suplentes, por medio de Juntas electorales de parroquia, de partido, y de provincia.

Artículo 62. El Supremo Gobierno mandará celebrar lo
más pronto que le sea posible, estas Juntas en las provincias que lo permitan, con arreglo al Artículo anterior, y que
no tengan diputados en propiedad: y por lo que toca a las
que los tuvieren, hará que se celebren tres meses antes de
cumplirse el bienio de las respectivas diputaciones. Para este
efecto habrá en la secretaría correspondiente un libro, donde
se lleve razón exacta del día, mes, y año, en que conforme al
Artículo 56 comience a contarse el bienio de cada diputado.

Artículo 63. En caso de que un mismo individuo sea elegido diputado en propiedad por distintas provincias, el Supremo Congreso decidirá por suerte la elección que haya de
subsistir, y en consecuencia el suplente a quien toque, entrará
en lugar del propietario de la provincia, cuya elección que-
dare sin efecto.

Capítulo V. De las Juntas Electorales de parroquia

Artículo 64. La Juntas electorales de parroquia se compondrán de los ciudadanos con derecho a sufragio, que estén do-
miciliados, y residan en territorio de la respectiva feligresía.

Artículo 65. Se declaran con derecho a sufragio los ciudadanos, que hubieren llegado a la edad de dieciocho años,
o antes si se casaren, que hayan acreditado su adhesión a
nuestra santa causa, que tengan empleo, o modo honesto de
vivir, y que no estén notados de alguna infamia pública, ni
procesados criminalmente por nuestro gobierno.

Artículo 66. Por cada parroquia se nombrará un elector, para cuyo encargo se requiere ser ciudadano con ejercicio de sus derechos, mayor de veinticinco años, y que al tiempo de la elección resida en la feligresía.

Artículo 67. Se celebrarán estas Juntas en las cabeceras de cada curato, o en el pueblo de la doctrina que ofreciere más comodidad; y si por la distancia de los lugares de una misma feligresía no pudieren concurrir todos los parroquianos en la cabecera, o pueblo determinado, se designarán dos o tres puntos de reunión, en los cuales se celebren otras tantas Juntas parciales, que formarán respectivamente los vecinos, a cuya comodidad se consultare.

Artículo 68. El Justicia del territorio, o el Comisionado que deputare el Juez del partido, convocará la Junta, o Juntas parciales, designará el día, hora, y lugar de su celebración, y presidirá las sesiones.

Artículo 69. Estando juntos los ciudadanos electores, y el presidente pasarán a la iglesia principal, donde se celebrará una misa solemne de Espíritu Santo, y se pronunciará un discurso análogo a las circunstancias por el cura, u otro eclesiástico.

Artículo 70. Volverán al lugar destinado para la sesión, a que se dará principio, por nombrar de entre los concurrentes dos escrutadores, y un secretario, que tomarán asiento en la mesa al lado del presidente.

Artículo 71. En seguida preguntará el presidente, si hay alguno que sepa que haya intervenido cohecho, o soborno, para que la elección recaiga en persona determinada: y si hubiere quien tal exponga, el presidente y los escrutadores harán en el acto pública y verbal justificación. Calificándose la denuncia, quedarán excluidos de voz activa y pasiva los delincuentes, y la misma pena se aplicará a los falsos calumniadores, en el concepto de que en este juicio no se admitirá recurso.

Artículo 72. Al presidente y escrutadores toca también decidir en el acto las dudas que se ofrezcan, sobre si en alguno de los ciudadanos concurren los requisitos necesarios para votar.

Artículo 73. Cada votante se acercará a la mesa, y en voz clara e inteligible nombrará los tres individuos, que juzgue más idóneos para electores. El secretario escribirá estos sufragios, y los manifestará al votante, al presidente, y a los escrutadores, de modo que todos queden satisfechos.

Artículo 74. Acabada la votación, examinarán los escrutadores la lista de los sufragios, y sumarán los números que resulten a favor de cada uno de los votados. Esta operación se ejecutará a vista de todos los concurrentes, y cualquiera de ellos podrá revisarla.

Artículo 75. Si la Junta fuere compuesta de todos los ciudadanos de la feligresía, el votado que reuniere el mayor número de sufragios, o aquel por quien en caso de empate se decidiere la suerte, quedará nombrado elector de parroquia, y lo anunciará el secretario de orden del presidente.

Artículo 76. Concluido este acto se trasladará el concurso, llevando al elector entre el presiente, escrutadores, y secretario, a la iglesia, en donde se cantará en acción de gracias un solemne Te Deum, y la Junta quedará disuelta para siempre.

Artículo 77. El secretario extenderá la acta, que firmará con el presidente y escrutadores: se sacará un testimonio de ella firmado por los mismos, y se dará al elector nombrado, para que pueda acreditar su nombramiento, de que el presidente pasará aviso al juez del partido.

Artículo 78. Las Juntas parciales se disolverán concluida la votación, y las actas respectivas se extenderán, como previene el Artículo anterior.

Artículo 79. Previa citación del presidente, hecha por alguno de los secretarios, volverán a reunirse en sesión pública éstos y los escrutadores de las Juntas parciales, y con presencia de las actas examinarán los segundos las listas de sufragios, sumando de la totalidad los números que resulten por cada votado, y quedará nombrado elector el que reuniese la mayor suma, o si hubiese empate, el que decidiere la suerte.

Artículo 80. Publicará el presidente esta votación por medio de copia certificada del escrutinio, circulándola por los pueblos de la feligresía; y dará al elector igual testimonio firmado por el mismo presidente, escrutadores, y secretarios.

Artículo 81. Ningún ciudadano podrá excusarse del encargo de elector de parroquia, ni se presentará con armas en la Junta.

Capítulo VI. De las Juntas Electorales de partido

Artículo 82. Las Juntas electorales de partido se compondrán de los electores parroquiales congregados en la cabecera de cada subdelegación o en otro pueblo que por justas consideraciones designe el juez, a quien toca esta facultad, como también la de citar a los electores, señalar el día, hora y sitio para la celebración de estas Juntas, y presidir las sesiones.

Artículo 83. En la primera se nombrarán dos escrutadores y un secretario de los mismos electores, si llegaren a siete; o fuera de ellos si no se completare este número, con tal que los electos sean ciudadanos de probidad.

Artículo 84. A consecuencia presentarán los electores los testimonios de sus nombramientos, para que los escrutadores y el secretario los reconozcan y examinen: y con esto terminará la sesión.

Artículo 85. En la del día siguiente expondrán su juicio los escrutadores y el secretario. Ofreciéndose alguna duda, el presidente la resolverá en el acto, y su resolución se ejecutará sin recurso: pasando después la Junta a la iglesia principal, con el piadoso objeto que previene el Artículo 69.

Artículo 86. Se restituirá después la Junta al lugar destinado para las sesiones, y tomando asiento el presidente y los demás individuos que la formen, se ejecutará lo contenido en el Artículo 71, y regirá también en su caso el Artículo 72.

Artículo 87. Se procederá en seguida a la votación, haciéndola a puerta abierta por medio de cédulas, en que cada elector exprese los tres individuos que juzgue más a propósito: recibirá las cédulas el secretario, las leerá en voz alta y manifestará al presidente.

Artículo 88. Concluida la votación, los escrutadores a vista y satisfacción del presidente y de los electores, sumarán el número de los sufragios que haya reunido cada votado, quedando nombrado el que contare con la pluralidad, y en caso de empate el que decidiere la suerte. El secretario anunciará de orden del presidente el nombramiento del elector de partido.

Artículo 89. Inmediatamente se trasladarán la Junta y concurrentes a la iglesia principal, bajo la forma y con el propio fin que indica el Artículo 76.

Artículo 90. El secretario extenderá la acta, que suscribirá con el presidente y escrutadores. Se sacarán dos copias autorizadas con la misma solemnidad; de las cuales una se entregará al elector nombrado, y otra se remitirá al presidente de la Junta provincial.

Artículo 91. Para ser elector de partido se requiere la residencia personal en la respectiva jurisdicción con las demás circunstancias asignadas para los electores de parroquia.

Artículo 92. Se observará por último lo que prescribe el Artículo 81.

Capítulo VII. De las Juntas Electorales de provincia

Artículo 93. Los electores de partido formarán respectivamente las Juntas provinciales, que para nombrar los diputados que deben incorporarse en el Congreso, se han de celebrar en la capital de cada provincia, o en el pueblo que señalare el intendente, a quien toca presidirlas, y fijar el día, hora y sitio en que hayan de verificarse.

Artículo 94. En la primera sesión se nombrarán dos escrutadores, y un secretario, en los términos que anuncia el Artículo 83. Se leerán los testimonios de las actas de elecciones hechas en cada partido, remitidas por los respectivos presidentes: y presentarán los electores las copias que llevaren consigo, para que los escrutadores y el secretario las confronten y examinen.

Artículo 95. En la segunda sesión que se tendrá el día siguiente, se practicará lo mismo que está mandado en los Artículos 85 y 86.

Artículo 96. Se procederá después a la votación de diputado en la forma que para las elecciones de partidos señala el Artículo 87.

Artículo 97. Concluida la votación los escrutadores reconocerán las cédulas conforme al Artículo 88, y sumarán los números que hubiere reunido cada votado, quedando elegido diputado en propiedad el que reuniere la pluralidad de sufragios; y suplente el que se aproxime más a la pluralidad.

Artículo 98. Si hubiere empate, se sorteará el nombramiento de diputado así propietario, como suplente, entre los votados que sacaren igual número de sufragios.

Artículo 99. Hecha la elección se procederá a la solemnidad religiosa, a que se refiere el Artículo 89.

Artículo 100. Se extenderá la acta de elección, y se sacarán dos copias con las formalidades que establece el Artículo 90: una copia se entregará al diputado, y otra se remitirá al Supremo Congreso.

Artículo 101. Los electores en nombre de la provincia otorgarán al diputado en forma legal la correspondiente comisión.

Capítulo VIII. De las atribuciones del Supremo
Congreso
Al Supremo Congreso pertenece exclusivamente:

Artículo 102. Reconocer y calificar los documentos que presenten los diputados elegidos por las provincias, y recibirles el juramento que deben otorgar para su incorporación.

Artículo 103. Elegir los individuos del Supremo Gobierno, los del Supremo Tribunal de Justicia, los del de Residencia, los secretarios de estas corporaciones, y los fiscales de la segunda, bajo la forma que prescribe este decreto, y recibirles a todos el juramento correspondiente para la posesión de sus respectivos destinos.

Artículo 104. Nombrar los ministros públicos, que con el carácter de embajadores plenipotenciarios, u de otra representación diplomática hayan de enviarse a las demás naciones.

Artículo 105. Elegir a los generales de división a consulta del Supremo Gobierno, quien propondrán los tres oficiales que juzgue más idóneos.

Artículo 106. Examinar y discutir los proyecto de ley que se propongan. Sancionar las leyes, interpretarlas, y derogarlas en caso necesario.

Artículo 107. Resolver las dudas de hecho y de derecho, que se ofrezcan en orden a las facultades de las supremas corporaciones.

Artículo 108. Decretar la guerra, y dictar las instrucciones bajo de las cuales haya de proponerse o admitirse la paz: las que deben regir para ajustar los tratados de alianza y gobierno con las demás naciones, y aprobar antes de su ratificación estos tratados.

Artículo 109. Crear nuevos tribunales subalternos, suprimir los establecidos, variar su forma, según convenga para la mejor administración: aumentar o disminuir los oficios públicos, y formar los aranceles de derechos.

Artículo 110. Conceder o negar licencia para que se admitan tropas extranjeras en nuestro suelo.

Artículo 111. Mandar que se aumenten, o disminuyan las fuerzas militares a propuesta del Supremo Gobierno.

Artículo 112. Dictar ordenanzas para el ejército y milicias nacionales en todos los ramos que las constituyen.

Artículo 113. Arreglar los gastos del gobierno. Establecer contribuciones e impuestos, y el modo de recaudarlos: como también el método conveniente para la administración, conservación y enajenación de los bienes propios del estado: y en los casos de necesidad tomar caudales a préstamo sobre los fondos y crédito de la nación.

Artículo 114. Examinar y aprobar las cuentas de recaudación e inversión de la hacienda pública.

Artículo 115. Declarar si ha de haber aduanas y en qué lugares.

Artículo 116. Batir moneda, determinando su materia, valor, peso, tipo y denominación; y adoptar el sistema que estime justo de pesos y medidas.

Artículo 117. Favorecer todos los ramos de industria, facilitando los medios de adelantarla, y cuidar con singular esmero de la ilustración de los pueblos.

Artículo 118. Aprobar los reglamentos que conduzcan a la sanidad de los ciudadanos, a su comodidad y demás objetos de policía.

Artículo 119. Proteger la libertad política de la imprenta.

Artículo 120. Hacer efectiva la responsabilidad de los individuos del mismo Congreso, y de los funcionarios de las demás supremas corporaciones, bajo la forma que explica este decreto.

Artículo 121. Expedir cartas de naturaleza en los términos, y con las calidades que prevenga la ley.

Artículo 122. Finalmente ejercer todas las demás facultades que le concede expresamente este decreto.

Capítulo IX. De la sanción y promulgación de las leyes

Artículo 123. Cualquiera de los vocales puede presentar al Congreso los proyectos de ley que le ocurran, haciéndolo por escrito, y exponiendo las razones en que se funde.

Artículo 124. Siempre que se proponga algún proyecto de ley, se repetirá su lectura por tres veces en tres distintas sesiones, votándose en la última, si se admite, o no a discusión; y fijándose, en caso de admitirse, el día en que se deba comenzar.

Artículo 125. Abierta la discusión, se tratará, e ilustrará la materia en las sesiones que fueren necesarias, hasta que el Congreso declare: que está suficientemente discutida.

Artículo 126. Declarado que la materia está suficientemente discutida, se procederá a la votación, que se hará a pluralidad absoluta de votos; concurriendo precisamente más de la mitad de los diputados que deben componer el Congreso.

Artículo 127. Si resultare aprobado el proyecto, se extenderá por triplicado en forma de ley. Firmará el presidente y secretarios los tres originales, remitiéndose uno al Supremo Gobierno, y otro al Supremo Tribunal de Justicia; quedando el tercero en la secretaría del Congreso.

Artículo 128. Cualquiera de aquellas corporaciones tendrá facultad para representar en contra de la ley; pero ha de ser dentro del término perentorio de veinte días; y no verificándolo en este tiempo, procederá el Supremo Gobierno a la promulgación: previo aviso que oportunamente le comunicará al Congreso.

Artículo 129. En caso que el Supremo Gobierno, o el Supremo Tribunal de Justicia representen contra la ley, las reflexiones que promuevan serán examinadas bajo las mismas formalidades que los proyectos de ley; y calificándose de bien fundadas a pluralidad absoluta de votos, se suprimirá la ley, y no podrá proponerse de nuevo hasta pasados seis meses. Pero si por el contrario se calificaren de insuficientes las razones expuestas, entonces se mandará publicar la ley, y se observará inviolablemente; a menos que la experiencia y la opinión pública obliguen a que se derogue, o modifique.

Artículo 130. La ley se promulgará en esta forma: -«El Supremo Gobierno Mexicano a todos los que la presente vieren, sabed: que el Supremo Congreso en sesión legislativa (aquí la fecha) ha sancionado la siguiente ley. (Aquí el texto literal de la ley). Por tanto, para su puntual observancia publíquese, y

circúlese a todos los tribunales, justicias, jefes, gobernadores
y demás autoridades, así civiles como militares, y eclesiásticas de cualquiera clase y dignidad, para que guarden y hagan
guardar, cumplir y ejecutar la presente ley en todas sus partes.- Palacio nacional etc.». Firmarán los tres individuos y el
secretario de Gobierno.

Artículo 131. El Supremo Gobierno comunicará la ley al
Supremo Tribunal de Justicia, y se archivarán los originales
tanto en la secretaría del Congreso, como en la del Gobierno.

Capítulo X. Del Supremo Gobierno

Artículo 132. Compondrán el Supremo Gobierno tres individuos, en quienes concurran las calidades expresadas en el Artículo 52: serán iguales en autoridad, alternando por cuatri-
mestres en la presidencia, que sortearán en su primera sesión
para fijar invariablemente el orden con que hayan de turnar,
y lo manifestarán al Congreso.

Artículo 133. Cada año saldrá por suerte uno de los tres,
y el que ocupare la vacante tendrá el mismo lugar que su an-
tecesor en el turno de la presidencia. Al Congreso toca hacer
este sorteo.

Artículo 134. Habrá tres secretarios: uno de guerra, otro
de hacienda, y el tercero que se llamará especialmente de
gobierno. Se mudarán cada cuatro años.

Artículo 135. Ningún individuo del Supremo Gobierno podrá ser reelegido, a menos que haya pasado un trienio des-

pués de su administración: y para que pueda reelegirse un secretario, han de correr cuatro años después de fenecido su ministerio.

Artículo 136. Solamente en la creación del Supremo Gobierno podrán nombrarse para sus individuos así los diputados propietarios del Supremo Congreso, que hayan cumplido su bienio, como los interinos; en la inteligencia de que si fuere nombrado alguno de éstos, se tendrá por concluida su diputación; pero en lo sucesivo ni podrá elegirse ningún diputado, que a la sazón lo fuere, ni el que lo haya sido; si no es mediando el tiempo de dos años.

Artículo 137. Tampoco podrán elegirse los diputados del Supremo Tribunal de Justicia, mientras lo fueren, ni en tres años después de su comisión.

Artículo 138. Se excluyen asimismo de esta elección los parientes en primer grado de los generales en jefe.

Artículo 139. No pueden concurrir en el Supremo Gobierno dos parientes que lo sean desde el primero hasta el cuarto grado; comprendiéndose los secretarios en esta prohibición.

Artículo 140. El Supremo Gobierno tendrá tratamiento de Alteza: sus individuos el de Excelencia, durante su administración: y los secretarios el de Señoría, en el tiempo de su ministerio.

Artículo 141. Ningún individuo de esta corporación podrá pasar ni aun una noche fuera del lugar destinado para su residencia, sin que el Congreso le conceda expresamente su permiso: y si el Gobierno residiere en lugar distante, se pedirá aquella licencia a los compañeros, quienes avisarán al Congreso, en caso de que sea para más de tres días.

Artículo 142. Cuando por cualquiera causa falte alguno de los tres individuos, continuarán en el despacho los restantes, haciendo de presidente el que deba seguirse en turno, y firmándose lo que ocurra con expresión de la ausencia del compañero: pero en faltando dos, el que queda avisará inmediatamente al Supremo Congreso, para que tome providencia.

Artículo 143. Habrá en cada secretaría un libro, en donde se asienten todos los acuerdos, con distinción de sesiones, las cuales se rubricarán por los tres individuos, y firmará el respectivo secretario.

Artículo 144. Los títulos o despachos de los empleados, los decretos, las circulares y demás órdenes, que son propias del alto gobierno, irán firmadas por los tres individuos y el secretario a quien corresponda. Las órdenes concernientes al gobierno económico, y que sean de menos entidad, las firmará el presidente y el secretario a quien toque, a presencia de los tres individuos del cuerpo: y si alguno de los indicados documentos no llevare la formalidades prescritas, no tendrá fuerza ni será obedecida por los subalternos.

Artículo 145. Los secretarios serán responsables en su persona de los decretos, órdenes y demás que autoricen contra el tenor de este decreto o contra las leyes que mandadas observar, y que en adelante se promulgaren.

Artículo 146. Para hacer efectiva esta responsabilidad decretará ante todas cosas el Congreso, con noticia justificada de la transgresión, que ha lugar a la formación de la causa.

Artículo 147. Dado este decreto quedará suspenso el secretario, y el Congreso remitirá todos los documentos que hubiere al Supremo Tribunal de Justicia, quien formará la causa, la sustanciará y sentenciará conforme a las leyes.

Artículo 148. En los asuntos reservados que se ofrezcan al Supremo Gobierno, arreglará el modo de corresponderse con el Congreso, avisándole por medio de alguno de sus individuos o secretarios: y cuando juzgare conveniente pasar al palacio del Congreso se lo comunicará, exponiendo si la concurrencia ha de ser pública, o secreta.

Artículo 149. Los secretarios se sujetarán indispensablemente al juicio de residencia, y a cualquiera otro que en el tiempo de su ministerio se promueva legítimamente ante el Supremo Tribunal de Justicia.

Artículo 150. Los individuos del Gobierno se sujetarán asimismo al juicio de residencia; pero en el tiempo de su administración solamente podrán ser acusados por los delitos que manifiesta el Artículo 59, y por la infracción del Artículo 166.

Capítulo XI. De la elección de individuos para el
Supremo Gobierno

Artículo 151. El Supremo Congreso elegirá en sesión secreta por escrutinio en que haya examen de tachas, y a pluralidad absoluta de votos, un número triple de los individuos que han de componer el Supremo Gobierno.

Artículo 152. Hecha esta elección continuará la sesión en público, y el secretario anunciará al pueblo las personas que se hubieren elegido. En seguida repartirá por triplicado sus nombres escritos en cédulas a cada vocal, y se procederá a la votación de los tres individuos, eligiéndolos uno a uno por medio de las cédulas que se recogerán en un vaso prevenido al efecto.

Artículo 153. El secretario a vista y satisfacción de los vocales reconocerá las cédulas, y hará la regulación correspondiente, quedando nombrado aquel individuo que reuniere la pluralidad absoluta de sufragios.

Artículo 154. Si ninguno reuniere esta pluralidad, entrarán en segunda votación los dos individuos que hubieren sacado el mayor número, repartiéndose de nuevo sus nombres en cédulas a cada uno de los vocales. En caso de empate decidirá la suerte.

Artículo 155. Nombrados los individuos, con tal que se hallen presentes dos de ellos, otorgarán acto continuo su juramento en manos del presidente, quien lo recibirá a nombre del Congreso, bajo la siguiente fórmula: «¿Juráis defender a costa de vuestra sangre la religión católica, apostólica, romana, sin admitir otra ninguna? -R. Sí juro.- ¿Juráis sostener constantemente la causa de nuestra independencia contra nuestros injustos agresores? -R. Sí juro.- ¿Juráis observar, y hacer cumplir el decreto constitucional en todas y cada una de sus partes? -R. Sí juro.- ¿Juráis desempeñar con celo y fidelidad el empleo que os ha conferido la Nación, trabajando incesantemente por el bien y prosperidad de la Nación misma? -R. Sí juro.- Si así lo hiciereis, Dios os premie, y si no, os lo demande». Y con este acto se tendrá el Gobierno por instalado.

Artículo 156. Bajo de la forma explicada en los Artículos antecedentes se hará las votaciones ulteriores, para proveer las vacantes de los individuos que deben salir anualmente, y las que resultaren por fallecimiento u otra causa.

Artículo 157. Las votaciones ordinarias de cada año se efectuarán cuatro meses antes de que se verifique la salida del individuo a quien tocare la suerte.

Artículo 158. Por primera vez nombrará el Congreso los secretarios del Supremo Gobierno, mediante escrutinio en que haya examen de tachas, y a pluralidad absoluta de votos. En lo de adelante hará este nombramiento a propuesta del mismo Supremo Gobierno, quien la verificará dos meses antes que cumpla el término de cada secretario.

Capítulo XII. De la autoridad del Supremo Gobierno
Al Supremo Gobierno toca privativamente:

Artículo 159. Publicar la guerra y ajustar la paz. Celebrar tratados de alianza, y comercio con las naciones extranjeras, conforme al Artículo 108; correspondiéndose con sus gabinetes en las negociaciones que ocurran, por sí, o por medio de los ministros públicos, de que habla el Artículo 104; los cuales han de entenderse inmediatamente con el Gobierno, quien despachará las contestaciones con independencia del Congreso; a menos que se versen asuntos, cuya resolución no esté en sus facultades: y de todo dará cuenta oportunamente al mismo Congreso.

Artículo 160. Organizar los ejércitos y milicias nacionales. Formar planes de operación: mandar ejecutarlos: distribuir y mover la fuerza armada, a excepción de la que se halle bajo el mando del Supremo Congreso, con arreglo al Artículo 47, y tomar cuantas medidas estime conducentes, ya sea para asegurar la tranquilidad interior del estado; o bien para promover su defensa exterior: todo sin necesidad de avisar previamente al Congreso, a quien dará noticia en tiempo oportuno.

Artículo 161. Atender y fomentar los talleres y maestranzas de fusiles, cañones, y demás armas: las fábricas de pólvora, y la construcción de toda especie de útiles y municiones de guerra.

Artículo 162. Proveer los empleos políticos, militares y de hacienda, excepto los que se ha reservado el Supremo Congreso.

Artículo 163. Cuidar de que los pueblos estén proveídos suficientemente de eclesiásticos dignos, que administren los sacramentos, y el pasto espiritual de la doctrina.

Artículo 164. Suspender con causa justificada a los empleados a quienes nombre, con calidad de remitir lo actuado dentro del término de cuarenta y ocho horas al tribunal competente. Suspender también a los empleados que nombre el Congreso, cuando haya contra éstos sospechas vehementes de infidencia: remitiendo los documentos que hubiere al mismo Congreso dentro de veinticuatro horas, para que declare: si ha, o no lugar a la formación de la causa.

Artículo 165. Hacer que se observen los reglamentos de policía. Mantener expedita la comunicación interior y exterior: y proteger los derechos de la libertad, propiedad, igualdad, y seguridad de los ciudadanos: usando de todos los recursos que le franquearán las leyes.

No podrá el Supremo Gobierno:

Artículo 166. Arrestar a ningún ciudadano en ningún caso más de cuarenta y ocho horas, dentro de cuyo término deberá remitir el detenido al tribunal competente con lo que se hubiere actuado.

Artículo 167. Deponer a los empleados públicos, ni conocer en negocio alguno judicial: avocarse causas pendientes o ejecutoriadas, ni ordenar que se abran nuevos juicios.

Artículo 168. Mandar personalmente en cuerpo, ni por alguno de sus individuos ninguna fuerza armada; a no ser en circunstancias muy extraordinarias: y entonces deberá preceder la aprobación del Congreso.

Artículo 169. Dispensar la observancia de las leyes bajo pretexto de equidad, ni interpretarlas en los casos dudosos.

Artículo 170. Se sujetará el Supremo Gobierno a las leyes y reglamentos que adoptare, o sancionare el Congreso en lo relativo a la administración de hacienda: por consiguiente no podrá variar los empleos de este ramo que se establezcan, crear otros nuevos, gravar con pensiones al erario público, ni alterar el método de recaudación, y distribución de las rentas; podrá no obstante librar las cantidades que necesite para gastos secretos en servicio de la nación, con tal que informe oportunamente de su inversión.

Artículo 171. En lo que toca al ramo militar se arreglará a la antigua ordenanza, mientras que el Congreso dicta la que más se conforme al sistema de nuestro gobierno: por lo que no podrá derogar, interpretar, ni alterar ninguno de sus capítulos.

Artículo 172. Pero así en materia de hacienda, como de guerra, y en cualquiera otra podrá, y aun deberá presentar al Congreso los planes, reformas y medidas que juzgue convenientes, para que sean examinados; mas no se le permite proponer proyectos de decreto extendidos.

Artículo 173. Pasará mensualmente al Congreso una nota de los empleados, y de los que estuvieren suspensos: y cada cuatro meses un estado de los ejércitos, que reproducirá siempre que lo exija el mismo Congreso.

Artículo 174. Asimismo presentará cada seis meses al Congreso un estado abreviado de las entradas, inversión, y existencia de los caudales públicos: y cada año le presentará otro individual, y documentado, para que ambos se examinen, aprueben y publiquen.

Capítulo XIII. De las intendencias de Hacienda

Artículo 175. Se creará cerca del Supremo Gobierno y con sujeción inmediata a su autoridad una intendencia general, que administre todas las rentas y fondos nacionales.

Artículo 176. Esta intendencia se compondrá de un fiscal, un asesor letrado, dos ministros, y el jefe principal, quien retendrá el nombre de intendente general, y además habrá un secretario.

Artículo 177. De las mismas plazas han de componerse las intendencias provinciales, que deberán establecerse con subordinación a la general. Sus jefes se titularán intendentes de provincia.

Artículo 178. Se crearán también tesorerías foráneas, dependientes de las provinciales, según que se juzgaren necesarias para la mejor administración.

Artículo 179. El Supremo Congreso dictará la ordenanza que fije las atribuciones de todos y cada uno de estos empleados, su fuero y prerrogativas, y la jurisdicción de los intendentes.

Artículo 180. Así el intendente general, como los de provincia funcionarán por el tiempo de tres años.

Capítulo XIV. Del Supremo Tribunal de Justicia

Artículo 181. Se compondrá por ahora el Supremo Tribunal de Justicia de cinco individuos, que por deliberación del

Congreso podrán aumentarse, según lo exijan y proporcionen las circunstancias.

Artículo 182. Los individuos de este Supremo Tribunal tendrán las mismas calidades que se expresan en el Artículo 52. Serán iguales en autoridad, y turnarán por suerte en la presidencia cada tres meses.

Artículo 183. Se renovará esta corporación cada tres años en la forma siguiente: en el primero y en el segundo saldrán dos individuos; y en el tercero uno: todos por medio de sorteo, que hará el Supremo Congreso.

Artículo 184. Habrá dos fiscales letrados, uno para lo civil, y otro para lo criminal; pero si las circunstancias no permitieren al principio que se nombre más que a uno, éste desempeñará las funciones de ambos destinos: lo que se entenderá igualmente respecto de los secretarios. Unos y otros funcionarán por espacio de cuatro años.

Artículo 185. Tendrá este Tribunal el tratamiento de Alteza: sus individuos el de Excelencia, durante su comisión; y los fiscales y secretarios el de Señoría, mientras permanezcan en su ejercicio.

Artículo 186. La elección de los individuos del Supremo Tribunal de Justicia se hará por el Congreso, conforme a los Artículos 151, 152, 153, 154, 156, y 157.

Artículo 187. Nombrados que sean los cinco individuos, siempre que se hallen presentes tres de ellos, otorgarán acto continuo su juramento en los términos que previene el Artículo 155.

Artículo 188. Para el nombramiento de fiscales y secretarios regirá el Artículo 158.

Artículo 189. Ningún individuo del Supremo Tribunal de Justicia podrá ser reelegido hasta pasado un trienio después de su comisión: y para que puedan reelegirse los fiscales y secretarios han de pasar cuatro años después de cumplido su tiempo.

Artículo 190. No podrán elegirse para individuos de este Tribunal los diputados del Congreso, si no es en los términos que explica el Artículo 136.

Artículo 191. Tampoco podrán elegirse los individuos del Supremo Gobierno mientras lo fueren, ni en tres años después de su administración.

Artículo 192. No podrán concurrir en el Supremo Tribunal de Justicia dos, o más parientes, que lo sean desde el primero hasta el cuarto grado: comprendiéndose en esta prohibición los fiscales y secretarios.

Artículo 193. Ningún individuo de esta corporación podrá pasar ni una sola noche fuera de los límites de su residencia, si no es con los requisitos que para los individuos del Supremo Gobierno expresa el Artículo 141.

Artículo 194. Los fiscales y secretarios del Supremo Tribunal de Justicia se sujetarán al juicio de residencia, y a los demás, como se ha dicho de los secretarios del Supremo Gobierno: pero los individuos del mismo Tribunal solamente se sujetarán al juicio de residencia: y en el tiempo de su comisión, a los que se promuevan por los delitos determinados en el Artículo 59.

Artículo 195. Los autos o decretos que emanaren de este Supremo Tribunal irán rubricados por los individuos que concurran a formarlos, y autorizados por el secretario. Las sentencias interlocutorias y definitivas se firmarán por los mencionados individuos, y se autorizarán igualmente por el secretario; quien con el presidente firmará los despachos, y por sí solo bajo su responsabilidad las demás órdenes: en consecuencia no será obedecida ninguna providencia, orden, o decreto que expida alguno de los individuos en particular.

Capítulo XV. De las facultades del Supremo Tribunal de Justicia

Artículo 196. Conocer en las causas para cuya formación deba preceder, según lo sancionado, la declaración del Supremo Congreso: en las demás de los generales de división, y secretarios del Supremo Gobierno: en las de los secretarios y fiscales del mismo Supremo Tribunal: en las del intendente general de hacienda, de sus ministros, fiscales y asesor: en las de residencia de todo empleado público, a excepción de las que pertenecen al Tribunal de este nombre.

Artículo 197. Conocer de todos los recursos de fuerza de los tribunales eclesiásticos, y de las competencias que se susciten entre los jueces subalternos.

Artículo 198. Fallar o confirmar las sentencias de deposición de los empleados públicos sujetos a este Tribunal: aprobar o revocar las sentencias de muerte y destierro que pronuncien los tribunales subalternos, exceptuando las que han de ejecutarse en los prisioneros de guerra, y otros delincuentes de estado, cuyas ejecuciones deberán conformarse a las leyes y reglamentos que se dicten separadamente.

Artículo 199. Finalmente, conocer de las demás causas temporales, así criminales, como civiles; ya en segunda, ya en tercera instancia, según lo determinen las leyes.

Artículo 200. Para formar este Supremo Tribunal, se requiere indispensablemente la asistencia de los cinco individuos en las causas de homicidio, de deposición de algún empleado, de residencia e infidencia; en las de fuerza de los juzgados eclesiásticos, y en las civiles, en que se verse el interés de veinticinco mil pesos arriba. Esta asistencia de los cinco individuos se entiende para terminar definitivamente las referidas causas, ya sea pronunciando, ya confirmando o bien revocando las sentencias respectivas. Fuera de estas causas bastará la asistencia de tres individuos para formar tribunal; y menos no podrán actuar en ningún caso.

Artículo 201. Si por motivo de enfermedad no pudiera asistir alguno de los jueces en los casos referidos, se le pasará la causa, para que dentro de tercero día remita su voto cerrado. Si la enfermedad fuere grave, o no pudiere asistir por hallarse distante, o por otro impedimento legal, el Supremo Congreso con aviso del Tribunal nombrará un sustituto; y si el Congreso estuviere lejos, y ejecutare la decisión, entonces los jueces restantes nombrarán a pluralidad de sufragios un letrado, o un vecino honrado y de ilustración, que supla por el impedido: dando aviso inmediatamente al Congreso.

Artículo 202. En el Supremo Tribunal de Justicia no se pagarán derechos.

Artículo 203. Los litigantes podrán recusar hasta dos jueces de este Tribunal, en los casos, y bajo las condiciones que señale la ley.

Artículo 204. Las sentencias que pronunciare el Supremo Tribunal de Justicia, se remitirán al Supremo Gobierno, para que se las haga ejecutar por medio de los jefes, o jueces a quienes corresponda.

Capítulo XVI. De los juzgados inferiores

Artículo 205. Habrá jueces nacionales de partido que durarán el tiempo de tres años: y los nombrará el Supremo Gobierno a propuesta de los intendentes de provincia, mientras se forma el reglamento conveniente para que los elijan los mismos pueblos.

Artículo 206. Estos jueces tendrán en los ramos de justicia, o policía la autoridad ordinaria, que las leyes del antiguo gobierno concedían a los subdelegados. Las demarcaciones de cada partido tendrán los mismos límites, mientras no se varíen con la aprobación del Congreso.

Artículo 207. Habrá tenientes de justicia en los lugares donde se han reputado necesarios: los nombrarán los jueces de partido, dando cuenta al Supremo Gobierno para su aprobación y confirmación, con aquellos nombramientos que en el antiguo gobierno se confirmaban por la superioridad.

Artículo 208. En los pueblos, villas y ciudades continuarán respectivamente los gobernadores y repúblicas, los ayuntamientos y demás empleos, mientras no se adopte otro sistema; a reserva de las variaciones que oportunamente introduzca el Congreso, consultando al mayor bien y felicidad de los ciudadanos.

Artículo 209. El Supremo Gobierno nombrará jueces eclesiásticos, que en las demarcaciones que respectivamente les señale con aprobación del Congreso, conozcan en primera instancia de las causas temporales, así criminales como civiles de los eclesiásticos; siendo ésta una medida provisional, entretanto se ocupan por nuestras armas las capitales de cada obispado, y resuelve otra cosa el Supremo Congreso.

Artículo 210. Los intendentes ceñirán su inspección al ramo de hacienda, y solo podrán administrar justicia en el caso de estar desembarazadas del enemigo las capitales de sus provincias, sujetándose a los términos de la antigua ordenanza que regía en la materia.

Capítulo XVII. De las leyes que se han de observar en la
Administración de Justicia

Artículo 211. Mientras que la Soberanía de la Nación forma el cuerpo de leyes, que han de sustituir a las antiguas, permanecerán éstas en todo su rigor, a excepción de las que por el presente, y otros decretos anteriores se hayan derogado, y de las que en adelante se derogaren.

Capítulo XVIII. Del Tribunal de Residencia

Artículo 212. El Tribunal de Residencia se compondrá de siete jueces, que el Supremo Congreso ha de elegir por suerte de entre los individuos, que para este efecto se nombren uno por cada provincia.

Artículo 213. El nombramiento de estos individuos se hará por las Juntas provinciales, de que trata el capítulo VII, a otro día de haber elegido los diputados, guardando la forma que prescriben los Artículos 87, y 88; y remitiendo al Congreso testimonio del nombramiento, autorizado con la solemnidad que expresa el Artículo 90. Por las provincias en donde no se celebren dichas Juntas, el mismo Congreso nombrará por escrutinio, y a pluralidad absoluta de votos, los individuos correspondientes.

Artículo 214. Para obtener este nombramiento se requieren las calidades asignadas en el Artículo 52.

Artículo 215. La masa de estos individuos se renovará cada dos años, saliendo sucesivamente en la misma forma que los diputados del Congreso: y no podrán reelegirse ninguno de los que salgan, a menos que no hayan pasado dos años.

Artículo 216. Entre los individuos que se voten por la primera vez podrán tener lugar los diputados propietarios, que han cumplido el tiempo de su diputación; pero de ninguna manera podrán ser elegidos los que actualmente lo sean, o en adelante lo fueren, si no es habiendo corrido dos años después de concluidas sus funciones.

Artículo 217. Tampoco podrán ser nombrados los individuos de las otras dos supremas corporaciones, hasta que hayan pasado tres años después de su administración: ni pueden, en fin, concurrir en este tribunal dos o más parientes hasta el cuarto grado.

Artículo 218. Dos meses antes que estén para concluir alguno, o algunos de los funcionarios, cuya residencia toca a este tribunal, se sortearán los individuos que hayan de componerlo, y el Supremo Gobierno anunciará con anticipación estos sorteos, indicando los nombres y empleos de dichos funcionarios.

Artículo 219. Hecho el sorteo, se llamarán los individuos que salgan nombrados, para que sin excusa se presenten al Congreso antes que se cumpla el expresado término de dos meses: y si por alguna causa no ocurriere con oportunidad cualquiera de los llamados, procederá el Congreso a elegir sustituto, bajo la forma que se establece en el capítulo XI para la elección de los individuos del Supremo Gobierno.

Artículo 220. Cuando sea necesario organizar este tribunal; para que tome conocimiento de otras causas, que no sean de residencia, se hará oportunamente el sorteo, y los individuos que resulten nombrados se citarán con término más o menos breve, según lo exija la naturaleza de las mismas causas: y en caso de que no comparezcan al tiempo señalado, el Supremo Congreso nombrará sustitutos, con arreglo al Artículo antecedente.

Artículo 221. Estando juntos los individuos que han de componer este tribunal, otorgarán su juramento en manos del Congreso, bajo la fórmula contenida en el Artículo 155, y se tendrá por instalado el tribunal, a quien se dará tratamiento de Alteza.

Artículo 222. El mismo tribunal elegirá por suerte de entre sus individuos un presidente, que ha de ser igual a todos en autoridad, y permanecerá todo el tiempo que dure la corporación. Nombrará también por escrutinio, y a pluralidad absoluta de votos un fiscal, con el único encargo de formalizar las acusaciones, que se promuevan de oficio por el mismo tribunal.

Artículo 223. Al Supremo Congreso toca nombrar el correspondiente secretario: lo que hará por suerte entre tres individuos, que elija por escrutinio, y a pluralidad absoluta de votos.

Capítulo XIX. De las funciones del Tribunal de
Residencia

Artículo 224. El Tribunal de Residencia conocerá privativamente de las causas de esta especie pertenecientes a los individuos del Congreso, a los del Supremo Gobierno y a los del Supremo Tribunal de Justicia.

Artículo 225. Dentro del término perentorio de un mes después de erigido el Tribunal, se admitirán las acusaciones a que haya lugar contra los respectivos funcionarios, y pasado este tiempo, no se oirá ninguna; antes bien se darán aquéllos por absueltos, y se disolverá inmediatamente el tribunal, a no ser que haya pendiente otra causa de su inspección.

Artículo 226. Estos juicios de residencia deberán concluirse dentro de tres meses: y no concluyéndose en este término, se darán por absueltos los acusados. Exceptuándose las causas en que se admita recurso de suplicación, conforme al reglamento de la materia, que se dictará por separado; pues entonces se prorrogará a un mes más aquel término.

Artículo 227. Conocerá también el Tribunal de Residencia en las causas que se promuevan contra los individuos de las supremas corporaciones por los delitos indicados en el Artículo 59, a los cuales se agrega, por lo que toca a los individuos del Supremo Gobierno, la infracción del Artículo 166.

Artículo 228. En las causas que menciona el Artículo anterior se harán las acusaciones ante el Supremo Congreso, o el mismo Congreso las promoverá de oficio, y actuará todo lo conveniente, para declarar si ha, o no lugar a la formación de causa; y declarando que ha lugar, mandará suspender al acusado, y remitirá el expediente al Tribunal de Residencia, quien previa este declaración, y no de otro modo, formará la causa, la sustanciará, y sentenciará definitivamente con arreglo a las leyes.

Artículo 229. Las sentencias pronunciadas por el Tribunal de Residencia, se remitirán al Supremo Gobierno para que las publique, y haga ejecutar por medio del jefe, o tribunal a quien corresponda: y el proceso original se pasará al Congreso, en cuya secretaría quedará archivado.

Artículo 230. Podrán recusarse hasta dos jueces de este tribunal en los términos que se ha dicho del Supremo, de Justicia.

Artículo 231. Se disolverá el Tribunal de Residencia luego que haya sentenciado las causas que motiven su instalación, y las que sobrevinieren mientras exista; o en pasando el término que fijaren las leyes, según la naturaleza de los negocios.

Capítulo XX. De la representación nacional

Artículo 232. El Supremo Congreso formará en el término de un año después de la próxima instalación del gobierno el plan conveniente para convocar la representación nacional bajo la base de la población, y con arreglo a los demás principios de derecho público, que variadas las circunstancias deben regir en la materia.

Artículo 233. Este plan se sancionará, y publicará, guardándose la forma que se ha prescrito para la sanción y promulgación de las leyes.

Artículo 234. El Supremo Gobierno, a quien toca publicarlo, convocará, según su tenor, la representación nacional, luego que estén completamente libres de enemigos las provincias siguientes: México, Puebla, Tlaxcala, Veracruz, Oaxaca, Tecpan, Michoacán, Querétaro, Guadalajara, Guanajuato,

San Luis Potosí, Zacatecas y Durango, inclusos los puertos, barras y ensenadas, que se comprenden en los distritos de cada una de estas provincias.

Artículo 235. Instalada que sea la representación nacional, resignará en sus manos el Supremo Congreso las facultades soberanas que legítimamente deposita, y otorgando cada uno de sus miembros el juramento de obediencia y fidelidad, quedará disuelta este corporación.

Artículo 236. El Supremo Gobierno otorgará el mismo juramento, y hará que lo otorguen todas las autoridades militares, políticas y eclesiásticas, y todos los pueblos.

Capítulo XXI. De la observancia de este Decreto

Artículo 237. Entretanto que la representación nacional de que trata el capítulo antecedente no fuere convocada, y siéndolo, no dictare y sancionare la Constitución permanente de la nación, se observará inviolablemente el tenor de este decreto, y no podrá proponerse alteración, adición, ni supresión de ninguno de los artículos, en que consiste esencialmente la forma de gobierno que prescribe. Cualquiera ciudadano tendrá derecho para reclamar las infracciones que notare.

Artículo 238. Pero bajo de la misma forma y principios establecidos podrá el Supremo Congreso, y aún será una de sus primarias atenciones, sancionar las leyes, que todavía se echan de menos en este decreto, singularmente las relativas a la Constitución militar.

Capítulo XXII. De la sanción y promulgación de este
Decreto

Artículo 239. El Supremo Congreso sancionará el presente
DECRETO en sesión pública, con el aparato y demostraciones de solemnidad que corresponden a un acto tan augusto.

Artículo 240. En el primer día festivo que hubiere comodidad, se celebrará una misa solemne en acción de gracias, en que el cura u otro eclesiástico pronunciará un discurso alusivo al objeto, y acabada la misa, el presidente prestará en manos del decano bajo la fórmula conveniente el juramento de guardar, y hacer cumplir este DECRETO: lo mismo ejecutarán los demás diputados en manos del presidente, y se cantará el Te Deum.

Artículo 241. Procederá después el Congreso con la posible brevedad a la instalación de las supremas autoridades, que también ha de celebrarse dignamente.

Artículo 242. Se extenderá por duplicado este DECRETO, y firmados los dos originales por todos los diputados que estuvieren presentes, y los secretarios: el uno se remitirá al Supremo Gobierno para que lo publique y mande ejecutar, y el otro se archivará en la secretaría del Congreso.
Palacio nacional del Supremo Congreso Mexicano en Apatzingán, veintidós de octubre de mil ochocientos catorce. Año quinto de la independencia mexicana. José María Liceaga, diputado por Guanajuato, presidente. Dr. José Sixto Berduzco, diputado por Michoacán. José María Morelos,

diputado por el Nuevo Reino de León. Lic. José Manuel de Herrera, diputado por Tecpan. Dr. José María Cos, diputado por Zacatecas. Lic. José Sotero de Castañeda, diputado por Durango. Lic. Cornelio Ortiz de Zárate, diputado por Tlaxcala. Lic. Manuel de Aldrete y Soria, diputado por Querétaro. Antonio José Moctezuma, diputado por Coahuila. Lic. José María Ponce de León, diputado por Sonora. Dr. Francisco Argándar, diputado por San Luis Potosí. Remigio de Yarza, secretario. Pedro José Bermeo, secretario.

Por tanto: para su puntual observancia publíquese, y circúlese a todos los tribunales, justicias, jefes, gobernadores, y demás autoridades así civiles como militares, y eclesiásticas de cualquiera clase y dignidad, para que guarden, y hagan guardar, cumplir y ejecutar el presente DECRETO constitucional en todas sus partes.

Palacio nacional del Supremo Gobierno Mexicano en Apatzingán, veinticuatro de octubre de mil ochocientos catorce. Año quinto de la independencia mexicana. José María Liceaga, diputado por Guanajuato, presidente. José María Morelos. Dr. José María Cos. Remigio de Yarza, secretario de gobierno.

NOTA

Los Excelentísimos señores Lic. don Ignacio López Rayón, Lic. don Manuel Sabino Crespo, Lic. don Andrés Quintana, Lic. don Carlos María de Bustamante, don Antonio de Sesma, aunque contribuyeron con sus luces a la formación de este DECRETO, no pudieron firmarlo por estar ausentes al tiempo de la sanción, enfermos unos y otros empleados en diferentes asuntos del servicio de la patria. Yarza.

Libros a la carta

A la carta es un servicio especializado para
empresas,
librerías,
bibliotecas,
editoriales
y centros de enseñanza;
y permite confeccionar libros que, por su formato y concepción, sirven a los propósitos más específicos de estas instituciones.

Las empresas nos encargan ediciones personalizadas para marketing editorial o para regalos institucionales. Y los interesados solicitan, a título personal, ediciones antiguas, o no disponibles en el mercado; y las acompañan con notas y comentarios críticos.

Las ediciones tienen como apoyo un libro de estilo con todo tipo de referencias sobre los criterios de tratamiento tipográfico aplicados a nuestros libros que puede ser consultado en Linkgua-ediciones.com.

Linkgua edita por encargo diferentes versiones de una misma obra con distintos tratamientos ortotipográficos (actualizaciones de carácter divulgativo de un clásico, o versiones estrictamente fieles a la edición original de referencia).

Este servicio de ediciones a la carta le permitirá, si usted se dedica a la enseñanza, tener una forma de hacer pública su interpretación de un texto y, sobre una versión digitalizada «base», usted podrá introducir interpretaciones del texto fuente. Es un tópico que los profesores denuncien en clase los desmanes de una edición, o vayan comentando errores de interpretación de un texto y esta es una solución útil a esa necesidad del mundo académico.

Asimismo publicamos de manera sistemática, en un mismo catálogo, tesis doctorales y actas de congresos académicos, que son distribuidas a través de nuestra Web.

El servicio de «libros a la carta» funciona de dos formas.

1. Tenemos un fondo de libros digitalizados que usted puede personalizar en tiradas de al menos cinco ejemplares. Estas personalizaciones pueden ser de todo tipo: añadir notas de clase para uso de un grupo de estudiantes, introducir logos corporativos para uso con fines de marketing empresarial, etc. etc.

2. Buscamos libros descatalogados de otras editoriales y los reeditamos en tiradas cortas a petición de un cliente.

www.ingramcontent.com/pod-product-compliance
Lightning Source LLC
Chambersburg PA
CBHW021355160726
47994CB00007B/2956